MAURICE PERROD

SAINT-AMOUR

EN FRANCHE-COMTÉ

DE 1636 A 1678

Extrait des *Annales franc-comtoises*. — Septembre-octobre 1895

BESANÇON

IMPRIMERIE ET LITHOGRAPHIE DE PAUL JACQUIN

1895

MAURICE PERROD

SAINT-AMOUR

EN FRANCHE-COMTÉ

DE 1636 A 1678

Extrait des *Annales franc-comtoises*. — Septembre-octobre 1895

BESANÇON

IMPRIMERIE ET LITHOGRAPHIE DE PAUL JACQUIN

1895

DU MÊME :

Etude critique sur l'authenticité des reliques des SS. Amator et Viator. Jacquin, Besançon. 1894.

Maître Guillaume de Saint-Amour. *L'Université de Paris et les Ordres religieux mendiants au XIIIe siècle*. Didot. Paris, 1895.

Dépôt à Salins (Jura), chez M. David-Mauvas, *libraire.*

SAINT-AMOUR EN FRANCHE-COMTÉ

DE 1636 A 1678

La marche générale des événements qui ont amené la réunion de la Franche-Comté à la France est assez connue pour que nous n'ayons qu'à la rappeler d'un mot.

La France convoitait d'étendre sa frontière jusqu'au Jura, sa limite naturelle. Elle voyait mieux en cette province qu'une terre riche et féconde en tout à ajouter à d'autres qu'elle possédait déjà. Par cette conquête, elle abaissait une fois de plus son éternelle ennemie, la maison d'Autriche, en la personne de l'Espagne; elle se privait enfin, en lui enlevant le territoire soumis à sa loi, d'un voisin dangereux, tout en prenant pour rempart à l'est les vieux et inaccessibles monts Jura.

Les Franc-Comtois avaient pour eux le droit historique et la bravoure héroïque; les noms de Prost dit Lacuzon (« De la fièvre et de Lacuzon, délivrez-nous, Seigneur! » disaient les Bressans en leurs litanies), de Varroz, d'Arnans, sont populaires encore dans nos montagnes à l'égal d'autres plus célèbres.

Les Français avaient pour eux leur puissante armée et leur or. Ce qui ne les empêcha pas d'éprouver un premier et retentissant échec pour commencer.

Au mois d'août 1636, Condé échoua devant Dole. Il fut remplacé dans son commandement par le duc Henri de Longueville, qui poursuivit activement la campagne commencée. Le maréchal de camp qui commandait les Franc-Comtois était le marquis de Conflans, de la maison de Watteville, parent du comte de Saint-Amour. Il avait servi jadis avec éclat sous le duc de Savoie Charles-Emmanuel, le plus habile général du temps, et en avait conservé une réputation de bravoure et de science qui, malgré ses soixante-quatre ans, le faisait considérer comme le plus ferme espoir de la province. Toutefois, il fut battu le 13 mars 1637, à Cornod — à vingt kilomètres de Saint-Amour — par le baron de Thiange. Six cents Comtois, dit-on, restèrent sur le terrain, et les blessés remplirent les hôpitaux d'alentour, celui de Saint-Amour en particulier, ainsi que tous les couvents de la ville. Les Français s'empressèrent de profiter de leur victoire, et Longueville marcha sur Saint-Amour.

Les habitants avaient depuis longtemps prévu qu'ils seraient attaqués. Le 4 septembre 1636, ils avaient écrit au magistrat de Lons-le-Saunier pour lui demander des secours en cas d'attaque ; le maïeur et les échevins leur avaient répondu trois jours après par une lettre de refus que justifiaient leurs propres alarmes : « Ce n'est pas néantmoins, ajoutaient-ils, que vous ne preniez les moyens de nous employer en ce que nous pourrons pour votre service, puisque nous vous offrons cordialement tous nos pouvoirs comme à une ville qui nous a obligés de tout temps. » (Archives du Jura.)

Quelques mois après Saint-Amour avait besoin de secours, mais Lons-le-Saunier était lui-même trop menacé pour pouvoir lui venir en aide.

Le marquis de Conflans fit ce qu'il put pour Saint-Amour. Il en donna le commandement au capitaine de Goux, et lui laissa environ le tiers de son régiment, qu'il logea tant dans la ville qu'au château de Laubespin (1) et aux environs. Le comte de Champlitte, gouverneur de Franche-Comté, avait donné le commandement du château à Beauregard, *vieil soldat, capitaine de cavalerie*. A ces deux officiers était adjoint Claude Levieux (2), capitaine d'infanterie, qui avait servi contre la France et l'Italie dans le régiment du comte

(1) Vers 1600, par acquisition, *Vincent Jacquinot de Goux* était devenu seigneur de Laubespin. Il était alors trésorier général de Bourgogne. Au début de la guerre de conquête, il offrit de former un régiment entier à ses frais, à condition qu'il n'aurait pour capitaines dans ce régiment que ses enfants, dont le second, comme nous l'avons dit, reçut le commandement de Saint-Amour, et qu'on lui rembourserait ses frais après la campagne. — Il portait : *De sable au lion d'or armé et lampassé de gueules*. Devise : *Sans défaillir*. (Bonvallet, *Armorial de Franche-Comté*.)

(2) D'une des plus anciennes familles de la ville, qui s'est appelée plus tard : Le Vieux de Courcelles, et à laquelle appartenait l'abbé Vieux ou Vetus, insigne bienfaiteur de Saint-Amour, fondateur de *la Charité*.

Emmanuel-Philibert de la Baume, et qui commandait la milice bourgeoise de la ville. Il avait sous lui les deux Colombet, oncle et neveu, et d'autres officiers encore qui avaient comme eux servi jadis en Flandre, où le comte de Saint-Amour, Jacques-Nicolas de la Baume, commandait encore un régiment de l'armée espagnole. Sa femme et ses trois jeunes enfants n'avaient pas quitté le château de Saint-Amour, leur résidence habituelle.

L'approche du duc de Longueville jeta la terreur dans la ville. Le château était en assez bon état, mais les remparts, vieux et réparés à la hâte par les retrahants, sous la direction de de Goux, paraissaient une bien faible défense, puis la garnison était peu nombreuse, et tout espoir de secours extérieur à peu près illusoire. Cependant on résolut de se défendre. On voulut d'abord, par mesure de prudence, éloigner les femmes, les vieillards et les enfants. La comtesse de Saint-Amour tenait à rester dans la ville, mais elle envoya ses enfants à son parent, le marquis de Vertamboz, seigneur de Saint-Paul-de-Varax, dans les Dombes; le Magistrat décida qu'on suivrait cet exemple, et que les plus jeunes femmes, les jeunes filles et les enfants seraient conduits à Saint-Paul, où on leur assurait un asile. Ils partirent vers la fin de mars, sous la conduite du doyen du chapitre, Humbert le Vieux, et du bailli de Branges, avec une faible escorte, emportant avec eux *les cloches de la ville*, le dépôt de la fortune de beaucoup de leurs concitoyens, et les archives communales, dont une bonne partie a disparu dans cette pérégrination.

Les religieuses Annonciades, dont le monastère était encombré de blessés, voulurent aussi s'éloigner. Leur médecin, Chapuis, était lié d'amitié avec l'archevêque de Lyon : le cardinal de Richelieu, frère du trop célèbre ministre, et qu'il avait guéri d'une maladie dangereuse, ce dont le prélat lui était toujours reconnaissant. Chapuis conduisit donc les religieuses à Lyon, où l'archevêque leur donna une habitation régulièrement érigée plus tard en monastère de leur ordre et sur la porte de laquelle on lisait encore avant la Révolution : *Annonciades de Saint-Amour* [1]. Le P. Louis, capucin, leur confesseur, et le chanoine Tribillet les y avaient accompagnées.

---

(1) Cette maison se trouvait *rue de la Côte aux Carmélites*, qui conduit aux *Chartreux*. Elles y restèrent vingt-deux ans.

Lorsque le bailli de Branges revint de Saint-Paul-de-Varax avec son escorte, les Français n'étaient pas encore arrivés devant Saint-Amour. Mais ils investissaient déjà la ville quand Chapuis, de retour de Lyon, voulut y rentrer. Il se fit donc conduire au duc de Longueville, et sollicita la faveur d'un laisser-passer pour porter à ses concitoyens les secours de son art. Longueville le lui accorda sans difficulté, le priant seulement de conseiller aux habitants de se rendre s'ils voulaient éviter l'effusion du sang. — « Monseigneur, lui fut-il répondu, je ne puis qu'une chose, les engager à faire tout leur devoir et, s'il le faut, mourir avec eux ! »

Le mauvais état des chemins, détrempés et défoncés par la fonte de la neige et les pluies, avait retardé la marche de l'artillerie de Longueville. Elle arriva au camp le 29 mars. Le duc fit alors porter les efforts de l'attaque sur trois points principaux : la porte de Guichon, celle du Châtelet et celle de Bresse ; le même jour, il fit établir une batterie de canons tout près du couvent des capucins ; elle lança aussitôt quelques volées de boulets contre les remparts, mais sans grand résultat.

Le lendemain (30 mars), les Français attachèrent un pétard à la porte de Guichon. L'explosion fit une brèche à peine praticable, mais dont ils auraient tenté de tirer parti si le marquis de Conflans, venant du côté de Lons-le-Saunier, ne s'était porté au secours de Saint-Amour, après avoir rallié les débris de ses troupes dispersées au combat de Cornod, et après s'être fortifié d'un corps de cavalerie envoyé par le duc de Lorraine.

Longueville envoya aussitôt à sa rencontre son maréchal de camp, Guitry, avec 300 hommes du régiment de Normandie, 100 du régiment liégeois de la Blocquerie, 50 carabiniers et 100 mousquetaires. En même temps il donna l'ordre à d'Arpajon de presser l'attaque contre la ville, et, sur les trois heures après midi, fit sommer par un tambour les habitants de se rendre, s'ils ne voulaient être passés au fil de l'épée. Ils refusèrent, bien que la brèche, peu à peu élargie, fût devenue praticable, et continuèrent le combat jusqu'au soir. Dans la nuit (du 30 au 31), les assiégés tinrent conseil. La garnison était affaiblie par des pertes sérieuses, la brèche était ouverte ; Chapuis et les officiers voulaient se rendre ; les bourgeois au contraire, confiants dans le secours promis par Conflans et qui le croyaient proche, ayant, au coucher du soleil, entendu la fusillade du côté de Cuiseaux, refusèrent et décidèrent de continuer la défense.

Le lendemain le combat recommença. On remarquait au premier rang, dit Corneille Saint-Marc, les chanoines Mercier, Dégland et Amour Teppe, « qui n'avaient pas quitté le baudrier depuis vingt-quatre heures. » Puis les femmes, qui apportaient aux combattants des vivres et de la poudre ; parmi elles était la comtesse de Saint-Amour, dont le dévouement en cette circonstance a été rendu légendaire. Du reste, plusieurs d'entre elles furent blessées, dont la chronique locale n'a pas conservé les noms.

La brèche, de moment en moment élargie par les coups de canon, rendait tout espoir de défense illusoire ; un parlementaire vient sommer pour la seconde fois les habitants de se rendre. Debout sur une palissade qu'il faisait élever à la hâte derrière le rempart détruit, de Goux refuse ; presque au même instant un boulet l'atteint et le tue.. Cette mort terrifie les assiégés, qui plient et reculent devant les troupes françaises commandées par « le sieur de Suc » et le duc de Longueville ; celui-ci entre le quatrième par la brèche.

La lutte continua dans les rues, où les habitants se défendirent avec héroïsme et se firent massacrer plutôt que de se rendre. Beaucoup se réfugièrent dans l'église paroissiale et tentèrent de s'y défendre. La porte céda enfin et ils furent égorgés sans pitié ; un seul échappa comme par miracle : l'abbé Mercier, qui s'était réfugié sous un autel.

Le duc de Longueville et ses lieutenants, d'Arpajon et d'Espinel, firent tout ce qu'ils purent pour arrêter ces excès. Ils parvinrent à préserver le monastère des Annonciades, plein de blessés, et firent retirer dans les églises les femmes et les filles, « dont la vie et l'honneur furent ainsi épargnés. » Mais l'hôtel de ville fut brûlé, l'église paroissiale également, ainsi que beaucoup de maisons et que l'hôpital, les moulins, les usines et, dit-on, 31 fermes ou *granges* des environs. 400 hommes de la garnison ou des habitants périrent ce jour-là. 600 autres environ se retirèrent dans le château sous la conduite de Beauregard et de Levieux ; ils y furent aussitôt étroitement bloqués.

Pendant ce temps, Guitry, qui s'était porté au-devant de Conflans, le rencontrait le lendemain, 1er avril, près de Sainte-Agnès, et le contraignait à reculer. Le soir même arrivait Longueville, qui était parti de Saint-Amour aussitôt la ville prise, et qui, le jour d'après, 2 avril au matin, achevait la défaite de Conflans et reprenait la route de Saint-Amour, où il rentrait le même jour vers quatre heures du soir, au son des tambours et des clairons. A ce bruit, les assiégés du château crurent que Conflans arrivait victorieux, et déjà se ils livraient à la joie. Quand ils reconnurent leur erreur, Longueville, pressé d'en finir, avait déjà ouvert contre leurs murailles le feu de son artillerie. Beauregard et Levieux, déçus et découragés, convaincus que tout espoir était perdu et toute résistance inutile, se rendirent sans autre condition que d'avoir la vie sauve. Beauregard, prisonnier d'Arpajon, lui paya 400 pistoles de rançon. Quant à Levieux, après six mois de captivité à Mâcon, il transigea avec Guitry pour 300 pistoles, dont la quittance qui suit existe encore dans les papiers de la famille de Guelle, où celle de Levieux s'est éteinte par les femmes.

« Je, seigneur de Guitry, conseiller du roi en son conseil, capitaine de 50 hommes d'armes de son ordonnance, maréchal de camp aux armées de Sa Majesté, confesse avoir reçu de Claude Levieux, prins prisonnier de guerre au château de Saint-Amour, la somme de quinze cents livres, pour la moytié de la rançon à laquelle il a été cottisé, de laquelle je suis contant.

« Mascon, vingtiesme aoust mil six cents trante-sept.

« GUITRY. »

L'église paroissiale fut convertie en un magasin à fourrages, puis en une fabrique de salpêtre; les soldats la ravagèrent à plaisir; ils jetèrent sur le toit les balustrades en pierre de la plate-forme du clocher et enfoncèrent ainsi les voûtes ; ils se partagèrent les débris de la châsse de saint Amour et de saint Viateur, qui était d'argent, et jetèrent les reliques au vent. Tout en ville fut pillé et saccagé; les troupes de la France et surtout les Allemands de Weymar furent particulièrement rapaces : ils arrachaient le bois des maisons pour se chauffer, le fer pour le vendre à des marchands étrangers, et le quartier du château eut surtout à souffrir. Le plus grand nombre des habitants s'étaient enfuis ; c'est à peine s'il restait une trentaine de familles qui parvinrent à grand'peine à se protéger, elles et leurs demeures. Les couvents ne furent cependant pas abandonnés, les offices divins n'y furent pas interrompus et ils n'eurent à souffrir que des pillards isolés. Les Augustins toutefois portèrent plainte à l'archevêque de Lyon, dont le vicaire général, Claude de Ville, lança un monitoire pour découvrir les voleurs (Archives communales, GG. 82). Nous ignorons la cause et les résultats de cet acte. Les industriels reçurent asile dans les pays voisins. C'est ainsi que les teinturiers s'enfuirent à Montluel, d'où ils ne revinrent jamais. Nous avons du reste des documents qui nous renseignent sur l'état misérable de Saint-Amour à cette époque. En 1682 on fit une enquête pour établir quel était l'état de la ville avant le siège. Voici la plus importante des dépositions (Archives communales), qui résume toutes les autres :

« 12e témoin : Messire Louis Mercier, prêtre, bachelier en théologie et chanoine de l'église collégiale de Saint-Amour, âgé d'environ soixante ans, dépose que la ville de Saint-Amour fut prise par assaut à la fin du mois de mars 1637, par l'armée du roy, commandée par le prince de Longueville, et qu'elle fut mise à la discrétion des soldats, et qu'iceluy sieur déposant, portant les armes comme bourgeois pour la défense de la ville, se retira avec un grand nombre d'habitants en l'église paroissiale, où lui seul évita la mort par un bonheur particulier, et vit, ayant été faict prisonnier et conduit par la ville, un carnage si épouvantable, que tout y passa par le fer et le feu, spécialement l'hôpital et les maisons près du château ; que les rues estoient couvertes de corps morts, meubles, hardes et papiers qui estoient jettés par les fenestres des maisons que les soldats fourrageoient.... De plus, que s'étant retiré ensuite de ladite guerre, en Bresse et au duché, il n'estoit retourné dans ladite ville de Saint-Amour qu'en 1653, ainsy que la majeure partie des habitants faisoient, ladite ville ainsy que les couvents, mesme l'église paroissiale, ayant esté abandonnés longues années et près de quinze ans, tant à cause de ladite désolation de la guerre que par la peste qui régnoit en ce temps-la, laquelle église paroissiale fust pillée jusqu'aux vitraux et reliques des saints patrons ; que luy qui dépose, avec les sieurs Morel et François, tous presbtres et chanoines audict lieu, ont retiré des papiers et ornemens de ladite église, de certains gentilshommes de Bresse qui estoient au siège de ladite ville et entre les mains desquels ils estoient tombés. Finalement, après son retour audit Saint-Amour, il fit les fonctions de curé.... »

Le château de Laubespin, qui faisait partie du système de défense de la ville en la complétant, fut pris après une courte résistance dans la soirée du 2 avril et brûlé par Longueville, qui ne voulait pas affaiblir son armée en la divisant et en la dispersant dans les châteaux qu'il prenait. Réparé peu après, il fut cependant occupé par les troupes françaises, qui le pillèrent et y mirent le feu en le quittant en 1668. A peine était-il réparé de nouveau, qu'en novembre 1673, les Bressans, conduits par Fressinet, Sambertier et Montjay, le détruisirent. Il n'en reste aujourd'hui que la tour sud-est, qui se dresse sur des éboulis informes et des arrachements de murs que le lierre et la mousse envahissent (1).

Le lieutenant général du duché de Bourgogne vint à Saint-Amour quelques mois après le siège et exigea des habitants le serment de fidélité envers le roi de France. Il réunit la ville au bailliage de Bourg en Bresse et plaça au château un gouverneur nommé Gommerand. Mais si la ville était soumise, les environs ne l'étaient pas. Lacuzon, le héros de la guerre de Dix ans, tenait toujours la campagne. Un jour du mois de juin 1639, Gommerand, étant allé entendre la messe au couvent des capucins, en dehors des remparts, fut surpris et entraîné par un détachement de partisans franc-comtois, et il fallut que le prévôt de Saint-Amour portât 200 pistoles à Sire-Castel pour la rançon du Français.

(1) Voir Rousset, *Dict. hist. du Jura*, article *Villette*.
Une très récente consolidation et restauration sommaire de ces ruines a fait découvrir une médaille d'argent à l'effigie du cardinal de Granvelle, deux petits fers de lance, une très belle clef ouvragée de fer, tous objets qui sont en la possession du comte de Laubespin, et un squelette de grande taille, trouvé au pied de la tour du côté de la chapelle, dans la position d'un homme assis, la tête dans la main; c'est, je suppose, un blessé surpris par la mort et enseveli depuis sous les décombres. Les enfants du village s'en sont disputé les débris.
On a trouvé également dans le village, et encastrées dans un mur du château, deux belles pierres sculptées dont l'une, porte les armes des Laubespin de la dernière époque accolées à d'autres inconnues.
Les mêmes fouilles ont mis à jour le pavé en briques rouges d'une salle et un autre en dalles de pierre. Elles ont permis de plus de constater d'une façon définitive que toutes les chambres voûtées ou non du château sont absolument écroulées et qu'il n'en reste plus rien que des décombres, contrairement à l'opinion vulgaire qui croit à l'existence de salles souterraines.
Nous reproduisons, à la suite de cet article, la relation française officielle de la prise de Saint-Amour et de Laubespin.

La peste et la famine survinrent et ajoutèrent leurs horreurs à celles de l'invasion ; si bien que le marquis de Monglat put écrire après la guerre de Dix ans : « Tous les villages étaient brûlés, les habitants morts, et la campagne tellement déshabitée, qu'elle ressemblait plutôt à un désert qu'à un pays qui eût jamais été habité (1). »

En 1644 les hostilités cessèrent en vertu d'un traité particulier entre la France et les États de Bourgogne ; mais les Français conservèrent quelques places dans la Comté, entre autres Saint-Amour, qui ne fut rendu à l'Espagne que lors de la paix des Pyrénées (1659).

Le petit nombre d'habitants qui étaient demeurés dans la ville devaient être très malheureux et souffrir beaucoup de la famine et de la peste qui régnèrent alors dans toute la Comté. En 1645 cependant, les bourgeois commencèrent à rentrer peu à peu. Leur premier soin fut de soulager autant que possible les souffrances de leurs concitoyens. L'hôpital avait été brûlé ; on nomma deux bourgeois et un des familiers de l'église collégiale pour rechercher et faire payer les revenus de cette maison, tant en argent qu'en produits agricoles. Mais les débiteurs, pour la plupart, avaient disparu ou étaient si malheureux qu'on ne pouvait exiger grand'chose d'eux ; les terres restaient en friche ; aussi les revenus de l'hospice étaient bien modiques et ne permettaient pas de songer à relever l'édifice ; on se contenta donc de soulager les pauvres à domicile.

En 1646, les chanoines Deboy, Hurcart, Morel et François commencèrent à célébrer de nouveau l'office canonial. L'an d'après, Claude Favier les vint rejoindre, et à partir de 1651 le doyen et les autres chanoines rentrèrent successivement, de sorte qu'en 1656 le chapitre se trouva au complet. Cela est d'ailleurs constaté par un acte passé avec le capitaine Andressot, héritier du docteur Chapuis. Les chanoines, ainsi que les familiers Merle et Davillon, moyennant une somme convenue, donnent quittance à Andressot de tous les arrérages des rentes à eux dues depuis 1638 jusqu'en 1655.

(1) « La famine, dit Girardot (*Bourgogne délivrée*), en 1638, année de déplorable mémoire, où les paysans retirés dans les villes y étaient entassés et sans ouvrage ; le grain se vendait au plus haut prix ; on vivait d'herbages et d'animaux immondes. Les hommes hâves, mourant de faim, mangeaient au besoin de la chair humaine…. De grandes émigrations eurent lieu : un curé se rendit à Rome avec cinq cents de ses paroissiens et le pape lui donna une église qu'on appelle Saint-Claude des Bourguignons. »

Nous avons dit qu'à partir de 1655 on commença à rentrer à Saint-Amour, mais tout y était à relever, à reconstruire, et de plus la ville était écrasée par les logements de troupes françaises traversant la province. Dans ces circonstances difficiles, le conseil des échevins fut à la hauteur de sa mission, ainsi qu'en font foi les archives municipales, très complètes à partir de 1650. Nous voyons par ses délibérations que le souci continuel des administrateurs est de transiger avec les nombreux créanciers de la ville, de réparer les murailles et les portes de l'enceinte fortifiée, de faire enlever les décombres, de rétablir les fontaines.

Mais l'affaire qui les occupa le plus fut la restauration de l'église paroissiale. En 1659, on ouvrit une souscription, laquelle ne put suffire, malgré l'empressement de tous. Il fallut mettre une imposition extraordinaire sur la paroisse. M. de Branges, premier curé inamovible, voulait intenter un procès aux chanoines de Mâcon pour les obliger à contribuer à la restauration de l'église, qui, disait-il, était ruinée par leur faute, la cause principale de la ruine étant l'abandon où l'avait laissée pendant si longtemps le vicaire nommé par eux (1). La chose traîna en longueur et ne put aboutir.

Quant à l'archevêque de Lyon, il menaçait de mettre l'église en interdit si l'on n'y faisait les réparations nécessaires. On se mit donc à l'œuvre, on releva les piliers en maçonnerie carrée, on les chargea de voûtes lourdes à plein cintre, et si l'architecture n'était pas élégante, elle était du moins solide; on munit le clocher de cloches (1690), d'une horloge (1694), etc., et les travaux se poursuivirent jusqu'en 1707. C'est de cette époque aussi que date l'arc en pierre de taille qui sépare la nef du chœur.

Les augustins ne tardèrent pas à rouvrir leur collège. Une délibération du conseil, en date du 6 mars 1653, ordonne de leur payer ce qui leur est dû pour les gages des régents. La richesse n'était pas alors très grande dans ce collège, si nous en jugeons par la requête suivante, adressée au corps du magistrat par les élèves qui le fréquentaient (1652) :

« A Messieurs les Consuls, échevins et recteurs des ville et hospital de Saint-Amour :

---

(1) Les couvents et les maisons de la ville dont les habitants n'avaient point émigré après le siège eurent vraiment moins à souffrir que les autres.

« Supplient très humblement les escholiers enfans de lad. ville, qu'ayant égard au zèle qu'ils ont de profiter à la vertu et aux sciences pour un jour servir lad. ville, imitant les bons exemples que vous leur laissez par votre saige conduicte ;

« Il vous plaise de leur aider pour seconder leurs bonnes intentions, par des voies faciles qui sont en votre pouvoir, qui les obligeront à vous rendre toutes sortes de services tant en commun qu'en particulier.

« Pour ce sujet ils vous prient qu'ayant égard à la pauvreté et indécence de leur classe, où il n'y a pas même de bans pour s'asseoir, non plus qu'au jubé, où ils vont entendre les vespres, en l'église des Réverends Pères Augustins, comme leur maitre les y oblige, étant contraints de demeurer debout en l'un et l'autre lieu ou de s'asseoir à terre ou bien sur de méchantes branches de bois plus propres à leur casser les jambes qu'à leur servir de bans,

« Vous leur prêtiez ou donniez une pistole pour la susd. réparation ; la plupart d'iceux étant pauvres et qui ont peine d'apporter leurs mois ; quoique leurs compagnons de familles plus honorables eussent bonne volonté de fournir lad. somme s'ils eussent autant de part à la bourse de leurs parents qu'à leur affection ;

« C'est pourquoi ayant égard à l'impuissance des uns et à la pauvreté des autres, ils vous prient de ne pas leur refuser l'effet de leur demande, s'obligeant au remplacement de lad. somme quand ils seront aussi riches en biens qu'ils sont dans une volonté très parfaite de vous servir.

« Claude François de la Charmée ; Georges de Branges ; François de Branges ; Jean Philibert Bouchard ; Joachim Colombet ; C. Golier ; Benoît Favier ; Humbert Merle ; Clément Paget ; Claude Lusi. »

(Arch. comm., GG. 34.)

Il est à croire que le Conseil n'eut pas le courage de refuser une demande aussi modeste et faite en des termes aussi gracieux.

Et puisque nous avons commencé à faire des emprunts aux registres des délibérations de l'Échevinage, le mieux est peut-être de continuer. De courts extraits faits par ordre chronologique feront mieux saisir que tout autre exposé l'état social de cette époque.

Le 21 août 1631, un arrêt du Conseil prescrit aux individus demeurant à Saint-Amour et qui n'ont pas de lettres d'habitant de s'en procurer ou de vider la ville sous huit jours, à peine d'être expulsés par force.

Le 24 septembre, on députe au gouverneur de la province le sieur Degland, échevin, pour obtenir qu'il ne soit point envoyé de garnison à Saint-Amour, vu le mauvais état de la ville.

Le 6 mars 1652, la direction du collège de la ville et le droit exclusif d'enseigner la jeunesse sont confirmés aux Pères augustins. Chaque écolier devra payer huit sols par mois, sauf les pauvres et les enfants de chœur. On leur donnera en plus cent livres tournois par an desquelles la ville paiera un tiers et l'hôpital les deux autres tiers.

Le 25 avril, attendu que des gens pauvres fourmillent dans la campagne, que l'un d'eux, venant de Coligny, est mort de la peste à Balanod, le Conseil ordonne que l'on mettra deux hommes de garde à chacune des portes de la ville pour empêcher les rôdeurs et les malades d'entrer.

Le 30 juin, on nomme un individu qui sera chargé de sonner les cloches contre le tonnerre et le brouillard dans les mois de juillet, août et septembre. Il recevra huit livres payées par les échevins de la paroisse (cette charge existait depuis longtemps).

Le 30 juillet, les dames religieuses de la Visitation réclament le tabernacle qu'elles ont prêté à l'église paroissiale; on décide qu'on le leur rendra et qu'on en fera faire un autre pour l'église.

Le 18 août, les lettres de répit obtenues par la ville pour le paiement de ses dettes étant périmées, elle en demande d'autres qui lui sont accordées, vu le triste état où elle est réduite.

Le 1er octobre, le Conseil, informé que les soldats français de Bellegarde ont pillé le bourg de Cuisery, qu'ils y ont tué et fait prisonniers plusieurs bourgeois, ordonne de placer une garde à la porte de Cuiseaux et de fermer les autres jusqu'à nouvel ordre pour éviter les surprises.

Le 14 novembre, le Conseil, informé de l'approche du comte de Montrevel avec plus de 50 hommes, ordonne de mettre 12 hommes de garde à chacune des trois portes.

Le 1er décembre, la ville envoie pour étrennes au comte de Saint-Amour seize fromages de Bresse, douze chapons et douze perdrix, lesquels en son absence seront remis à Mme la comtesse « pour faire quelque reconnoissance des bons soins qu'ils ont eus de nous. »

Le 26 janvier 1633, le Conseil ordonne qu'aucun étranger ne sera reçu habitant sans une délibération spéciale qui fixe les conditions de réception.

Le 12 avril 1634, les dames religieuses de la Visitation donnent quittance à la ville des arrérages qui leur sont dus par elle, moyennant la permission d'agrandir la clôture de leur couvent (c'est probablement à cette époque que ces religieuses commencèrent leurs grandes constructions).

Le même jour, on décide d'envoyer quelques pièces de gibier au prince de Cante-Croix, qui se trouvait à Dole pour les États (c'était le comte Jacques-Nicolas de la Baume qui avait hérité de ce titre, en 1637, de son cousin Léopold-Eugène, décédé cette même année).

En 1658 mourait le comte Jacques-Nicolas de la Baume. Il avait été nommé chevalier de la Toison d'or et gouverneur du comté de Bourgogne, sans avoir été reçu ni à l'une ni à l'autre de ces deux dignités. Il avait épousé Marie de Porcellet de Mallianes, d'une des plus nobles familles de Franche-Comté, fille d'André de Porcellet, seigneur de Mallianes, maréchal du Barrois, et d'Élisabeth de Cernay, son épouse. Le 5 octobre, le Conseil, informé de cette mort, députe le sieur Claude Don, échevin, à Mme la comtesse, alors à Besançon, pour la *condouloir* sur la mort de son époux.

Il laissait trois enfants : Charles-François de la Baume, qui hérita de Saint-Amour ; Philippe, marquis d'Yennes et de Saint-Genis, qui épousa N. Gaillard et n'en eut point d'enfants, et Caroline, qui épousa le comte Alexandre de Visconti.

Le nouveau comte de Saint-Amour était donc Charles-François de la Baume dit de Montmirail, seigneur de Corgenon, Montfelconnet. Bruges, Poupet, Grandvelle, Oiselet, baron de Saudrens, etc. Il avait été quelque temps colonel du régiment de Bourgogne. C'était un des plus hauts et des plus riches seigneurs de son temps, et le fief de Saint-Amour était comme perdu dans ses vastes domaines.

Le 18 mars 1659, le Conseil vote une somme de 600 livres pour la subsistance du sieur de Belmajor, gouverneur du château de Saint-Amour pour le roi de France. C'était, croyons-nous, le successeur de Gommerand. Le sieur de Belmajor demandait mille pistoles (délib. du 17 janv.). Cependant la ville, qui supportait avec peine la domination française et qui aimait peu le gouverneur, lui fit offrir « par grâce spéciale, pour vivre en paix et bonne intelligence, » 700 livres tournois, dont 450 payables par la ville, et 250 par Balanod, Allonal, Montagna, Villette. Refus de Belmajor et enfin accord ainsi conclu : 600 livres de la ville et 250 des villages qui en dépendent.

Le 7 novembre, est signé le traité des Pyrénées, qui rend la Comté à l'Espagne, mais il ne reçut son application pour Saint-Amour qu'en 1660. Louis XIV faisait tant de cas de la petite place de Saint-Amour qu'il proposa alors de l'échanger contre la place forte d'Avesne dans le Hainaut. Philippe IV, qui n'avait pas oublié l'attachement et la fidélité de ses habitants, refusa de consentir à cet échange, et Saint-Amour fut rendu à la liberté.

L'article 47 du traité des Pyrénées portait restitution à l'Espagne des villes et châteaux de Saint-Amour, Bletterans et fort de Joux; le 5 avril 1660, M. Bonnerot, intendant de la comtesse de Saint-Amour, arrive de Besançon porteur d'une lettre du roi de France et d'une autre du baron de Scey, gouverneur de la Franche-Comté, au sieur de Belmajor, gouverneur de la ville et du château de Saint-Amour, portant ordre à lui de faire la remise des ville et château de Saint-Amour audit sieur Bonnerot, « en suite de l'ordre qu'il en avait reçu lui-même du marquis de Caracène, capitaine général des Pays-Bas et du comté de Bourgogne. » Le Conseil de la commune fut si satisfait qu'il décida immédiatement « qu'afin de témoigner de la joie publique d'une si heureuse nouvelle, il serait offert au sieur Bonnerot la somme de 100 francs, monnaie du Comté, et que quatre échevins du Conseil ordinaire de la ville accompagneraient ledit sieur Bonnerot au château de Saint-Amour pour notifier les présents ordres au sieur de Belmajor et prendre possession publique du château. »

Ils se transportèrent, en effet, le lendemain au château, et la remise en ayant été faite, on en transcrivit le procès-verbal sur le registre des délibérations du Conseil, « à fin de perpétuelle mémoire. »

Le roi faisait écrire au sieur de Belmajor : « Monsieur de Belmajor, étant obligé par le traité de paix faict entre moi, mon frère et mon oncle, le roi d'Espagne, à lui rendre présentement la ville et château de Saint-Amour, je vous fais cette lettre pour vous dire qu'incontinent après l'avoir reçue, vous ayez à remettre la place entre les mains de celui qui vous sera envoyé de la part du marquis de Caracène, et lui laisserez la possession entière, moyennant quoi vous en demeurerez bien et valablement déchargé, vous assurant que, comme il reste justification de vos bons services, j'en conserverai la mémoire pour vous faire ressentir les effets de ma bienveillance dans les occasions qui s'offriront. Cependant je prierai Dieu, Monsieur de Belmajor, qu'il vous ait en sa sainte garde. »

« A Aix, le 21 février 1660.   Louis. »

Le 1er mai, la paix fut solennellement proclamée à Dole, et le 9 du même mois, le procureur général du Parlement se transporta à Saint-Amour pour recevoir le serment de fidélité des habitants.

Voici le procès-verbal de cette cérémonie :

« Nous, Étienne Dugay, docteur en droit, conseiller de Sa Majesté et son procureur général en Bourgogne, savoir faisons qu'en suite d'un ordre à nous adressé, de son Excellence M. le baron de Scey, gouverneur et capitaine général en icelle, et de la Cour souveraine du parlement à Dole en date du 4 mai 1660, nous étant porté en ville et château de Saint-Amour, à l'effet de, en leur nom, recevoir des officiers et sujets d'iceux, nouveau serment de fidélité et obéissance qu'ils doivent à Sa Majesté, leur prince légitime et souverain seigneur, en suite de la restitution faite à Sadite Majesté desdites ville et château avec leurs appartenances et dépendances en exécution du 47e article de la paix générale entre les deux souverains d'Espagne et de France ;

« Le 9e jour du mois de mai, après les actions de grâces, solennellement rendues au ciel par tout le clergé, habitants et peuple desdits château et ville, et même de tous les sujets de la terre, avec communion et procession générale des habitans, comme pour témoigner de la joie qu'ils ont de rester sous la douce et légitime domination de Sa Majesté, et s'étant assemblés par nos ordres, avec tout le clergé, les officiers de justice, ensemble les échevins et jurés de la ville, étant rendus sur la place publique à la sortie des actions de grâces et procession générale, leur ayant fait entendre le sujet de cette commission, et après lecture des ordres par Nicolas Tisserand, juré dans ledit Conseil, ayant exigé d'iceux le renouvellement du serment de fidélité et obéissance à Sa Majesté, il y avait été satisfait par tous les sujets et habitans de ladite ville, avec témoignage d'une très grande joie et allégresse, ayant commencé par les sieurs du clergé qui ont tous prêté ledit serment et ensuite les bailli (1) et officiers de justice, les échevins (2) et jurés (3) de ladite ville sur le livre des Évangiles de Dieu étant en nos mains. Le reste du peuple assemblé en grande foule jetait les chapeaux en l'air et poussait maintes acclamations publiques pour bénir le roi, et ceux qui étaient en armes ont déchargé leurs bâtons à feu après avoir prêté ledit serment.

« En suite de quoy nous avons faict dresser le présent procès-verbal, lequel sera enregistré aux actes publics de ladite justice, comme aussi dans le livre des délibérations du Conseil de ladite ville, dans les actes publics du greffe d'Orgelet, d'où ladite ville et château sont ressortissants et même aux actes de la cour, à fin de perpétuelle mémoire et pour y avoir recours en cas de besoin. »

(Arch. comm. Reg. des délib. du Conseil. T. Ier, p. 103.)

Dans le mois de février 1661, le conseil de la ville cède la tour de la porte de Bresse aux Augustins à condition qu'ils la répareraient.

Le 28 avril 1662, le Conseil, informé que M. le marquis d'Yennes était nommé aux fonctions de gouverneur du comté de Bourgogne, député le sieur François, docteur et échevin, pour aller à Dole, lui porter les félicitations des habitants de Saint-Amour. Le marquis d'Yennes était le frère du comte de Saint-Amour. Il avait fait vingt-quatre fois campagne en Flandre et s'en montrait très fier. Son caractère sans fermeté lui fit jouer plus tard le rôle que chacun sait dans la conquête définitive de la province.

Le 10 septembre 1664, défense est faite aux marchands d'ouvrir leur boutique et de vendre les jours de dimanches et de fêtes, à peine de 60 sols d'amende.

Le 19 novembre, le Conseil, informé que les villes voisines font faire la garde à leurs portes, « à cause du danger de contagion, » ordonne que deux hommes de garde seront placés tous les jours à chacune des portes de la ville, lesquelles seront fermées pendant la nuit.

Le 25 janvier 1665, Monsieur l'archevêque de Lyon donne l'ordre de réparer l'église d'ici à trois mois, et ce à peine d'interdiction.

---

(1) De Branges.
(2) Philibert Don, Claude Perrod, Bernard Collet, Louis Collet.
(3) Claude Don, Philibert François, Claude Bonet, Bernard Hurcart, Philibert Guyolot, Nicolas Merle, Pierre Tisserand, Étienne Tribillet, Bernard Tribillet, Claude Bouchard.

Le 8 avril, le Conseil impose les habitants des villages voisins à cause des réparations de l'église : ceux de Balanod à 202 fr. 6 gros ; ceux de Villette et de Laubespin ensemble à 202 fr. 6 gros ; ceux d'Allonal à 405 fr., et cela sans qu'on doive tenir compte des réparations déjà faites. Les paroisses de Villeneuve, du Biolay et du Sougey doivent aussi contribuer à la dépense.

Le 6 novembre, le sieur Febvre, échevin, est envoyé à Mâcon pour inviter MM. les chanoines du chapitre Saint-Vincent à payer, en leur qualité de curés primitifs de Saint-Amour, non seulement le tiers des réparations à faire à l'église, mais aussi le tiers de celles déjà faites tant à l'église qu'au clocher. (Les chanoines s'y refusèrent ; de là un procès qui n'aboutit à rien de bon pour la ville.)

Le 6 janvier 1666, des prières publiques sont prescrites par le Conseil, tant pour le roi Philippe IV qui vient de mourir, que pour son fils Charles II qui lui succède.

Le 10 février, le sieur Mercier, secrétaire du Conseil, est délégué pour rechercher les papiers qui intéressent la ville, les déposer dans le coffre à ce destiné et en dresser un inventaire.

En janvier 1668, le Conseil, pour assurer la subsistance de la ville et prévenir la cherté des grains, défend à tout bourgeois de sortir ni blé ni vin de la ville, à peine de confiscation du corps du délit.

Cette même année, la guerre se rallumait entre la France et l'Espagne. La Flandre conquise en trois mois, Louis XIV jeta ses troupes sur la Franche-Comté.

Le 8 février, le Conseil des échevins ordonna qu'on ferait la garde de nuit et de jour aux portes de la ville, et que tous les habitants en état de porter les armes y seraient contraints. Mais la ville n'était réellement pas en état de résister. Aussi, lorsque le 14 février, le sieur de la Tournelle, gentilhomme de Bresse, « est envoyé par Mgr le comte de Montrevel pour, au nom de Sa Majesté Très Chrétienne, sommer les habitants de se soumettre à Sadite Majesté et de lui prêter serment de fidélité entre ses mains, car il a ordre d'occuper le château de Saint-Amour, le Conseil, considérant que toutes les villes voisines de la province ont déjà prêté le serment de fidélité à Sa Majesté Très Chrétienne et que d'ailleurs la ville de Saint-Amour n'a aucunes forces, décide que tous les habitants prêteront serment de fidélité entre les mains du sieur de la Tournelle avec protestation de

ne déroger en rien aux privilèges et immunités de ladite ville. »
(Arch. comm. Délib. de la commune. Reg. II, fol. 26.)

En outre, le Conseil députe MM. François, avocat, et Dégland, assistés de M. Tribillet, auprès de Mgr le comte de Montrevel, à l'effet d'obtenir qu'il ne soit pas mis de garnison dans le château, dont le sieur Masson qui y commandait pour le roi d'Espagne avait fait remise. Il fut fait droit à cette requête, et le sieur de la Tournelle se retira au bout de trois jours (1). Le 22 avril, le bailliage d'Orgelet ordonna de transporter à Salins, sous peine de mort, toutes les armes à feu qui se trouvaient à Saint-Amour, sans tenir aucun compte de la situation de leurs propriétaires ; puis quelques jours après il imposa à la ville de fournir quatre travailleurs pour démolir les fortifications de Gray que Louis XIV venait de *prendre* en personne, et dont le maire lui avait infligé cette fière réponse qui venge le peuple comtois de bien des choses, y compris des Laubespin, des d'Yennes et des Bauffremont : « Sire, votre conquête eût été plus glorieuse si elle vous eût été disputée ! »

Le traité du 2 mars 1668 nous rendit à l'Espagne. Ce ne devait pas être pour longtemps ; et comme on le prévoyait, on évita de célébrer avec éclat cet événement. Nous trouvons le programme de la fête, mêlé à une discussion sur la réparation de l'église paroissiale, dans une délibération du Conseil en date du 1er juillet :

« Il a été proposé au Conseil qu'il est expédient de mettre ordre pour faire des prières pour remercier Dieu des grâces qu'il nous a faites de nous envoyer la paix *et de retourner à notre premier souverain* (2) et pour faire les solennités en tel cas requises. Le Conseil ordonne aux sieurs à présent échevins de prier MM. les vicaires et familiers de ladite église d'exposer le saint Sacrement pendant vêpres, et à l'issue, de donner la bénédiction au peuple et de chanter solennellement le *Te Deum* en action de grâces avec procession générale. »

Il y a loin de là à l'enthousiasme du 9 mai 1660 !

Revenue à l'Espagne, la ville continua d'être accablée de logements militaires. C'est en vain qu'à plusieurs reprises elle réclama auprès du

---

(1) Les habitants de Saint-Amour et ceux des villages en dépendant étaient taxés ensemble à 8 livres par jour payées à M. de la Tournelle, tant pour lui que pour l'entretien de la garnison du château.

(2) Ces mots ont été ajoutés en marge et indiqués par un renvoi.

prince d'Aremberg, commandant et gouverneur de la province, et qu'enfin le 10 août 1672 elle s'adressa au roi d'Espagne lui-même, lui rappelant ses longs et loyaux services.

Les soldats à loger étaient du reste de vrais sauvages. Nous lisons dans une délibération du 30 décembre 1670 : « Un grand scandale est arrivé dans la maison de Laurent Perrod, en sorte qu'il y eut plusieurs particuliers de blessés et même un enfant de tué dans son berceau, enfant de François Maistre, ce qui fut fait par dix cavaliers logés dans ladite ville environ les dix heures du soir. » Le Conseil chargea les échevins de porter plainte au sieur de Vénète, capitaine, au sujet de cette insulte, sans que j'aie pu découvrir la suite qu'il donna à leur démarche.

Pendant les six années de paix on avait relevé quelques remparts et rassemblé des troupes dans les garnisons, et le prince d'Aremberg commandait la province en qualité de gouverneur quand, en 1673, les hostilités recommencèrent.

M. Poly, capitaine des quartier et bailliage d'Orgelet, vint à Saint-Amour, au commencement de novembre, pour s'assurer que la ville était en état de résister à une attaque. Il donna ordre aux habitants de Balanod, de Montagna, d'Allonal, de Nanc et de Villette, comme retrahants du château, de concourir à sa défense. (Arch. comm., EE. 59.) Le sieur Masson, lieutenant de cavalerie, qui y avait autrefois commandé, y fut de nouveau nommé par brevet au nom du roi d'Espagne, délivré par don Francisco Gonzalès d'Almeida, capitaine général des pays et comté de Bourgogne et Charolais. Il fut enfin autorisé à lever une compagnie de 50 hommes pour servir à la défense du château (Arch. comm., EE. 60), et fut reconnu en qualité de gouverneur, le 26 novembre 1673, par le Magistrat de Saint-Amour (Arch. comm., EE. 61), qui promit de faire tout ce qui dépendrait des habitants pour la défense de la place et le service du roi, sans préjudice de leurs droits, et qui donna l'ordre de réparer autant que possible les murailles de la ville, en fort mauvais état [1].

Les capitaines « feront surtout rétablir la porte de Cuiseaux, au devant de laquelle on établira une barrière ; on emploiera à cela tout

---

[1] Corneille Saint-Marc : *Tablettes de Saint-Amour*, p. 267, 268. Nous ne faisons, du reste, que reproduire à peu près son récit.

le bois appartenant à la ville ; le surplus sera fourni par les particuliers.

« Les capitaines feront distribuer aux travailleurs le pain et le vin nécessaires pour leur nourriture.

« Les capitaines feront le dénombrement des escouades. Un poste sera assigné à chacune d'elles en cas d'alerte ; deux seront placées sur la place du château, une aux augustins, une vers la grande tour (1) et ainsi des autres.

« Tous les habitans en état de porter les armes se pourvoiront de munitions et monteront la garde à leur tour ; ils obéiront à leurs officiers et se réuniront au premier coup de tambour devant le logis de leur capitaine, le tout à peine de 100 sous comtois d'amende. » (Registre II, p. 114.)

Les habitants de Saint-Amour firent également chercher, mais inutilement, du secours soit en troupes, soit en munitions et mieux encore en argent, tant à Dole qu'à Salins, où se trouvait alors le siège du gouvernement.

Le 28 novembre 1673, le vicomte d'Apremont, maistre de camp au service du roi de France, attaqua la ville. Voici, du reste, le récit que fit de cet événement au comte de Saint-Amour, alors à Lyon, M. Nicolas Marle, procureur fiscal. La lettre est du 10 décembre, douze jours après la prise de la ville :

« Je n'ai pu vous instruire plus tôt de l'état où nous sommes ici et de la manière dont nous avons été pris et sommes sous l'obéissance du roi très chrétien, qui est que le 28 du mois passé 550 hommes de pied et 200 chevaux, commandés par M. d'Apremont, vinrent trois heures avant le jour, s'attachant à une de nos portes (2) avec un pétard et en trois endroits de nos murailles, avec des échelles et des grenades, notamment en celles des dames de la Visitation, qui sont murailles de ville, et même y vinrent à la sape, et y firent une ouverture où ils entrèrent. Il s'y fit de notre part toute la résistance que pouvait faire une poignée de gens abandonnés, sans gens de guerre et sans munitions, puisqu'ils y perdirent 5 des leurs tués et 7 blessés, et quatre des nôtres blessés. Ils prirent une partie des habitants ; le reste se retira au château avec dix des retrahants qui

---

(1) Cette grande tour faisait le coin des murs de la ville du côté des Capucins et de Bresse.

(2) La porte de Guichon.

y étaient. Le pont-levis se trouvant chargé par la foule des nôtres et des leurs, il ne put être levé. Le château étant aussi sans munitions aucunes et sans garnison des gens de guerre réglés, ceux qui étaient dedans crièrent tous unanimement que qui tirerait ou en ferait mine serait assassiné ; qu'ils ne voulaient point se mettre à sac, ni dans l'incendie, ni perdre le reste des habitants ; par ainsi, il fallut sortir et désarmés, quoique l'on nous promît nos armes. Nous fûmes renvoyés dans nos maisons, dans nos biens, où nous fûmes accablés de logements. Il nous fut promis que point de tort ne nous serait fait, que tout ce qui était au château, appartenant tant au fermier qu'aux autres, en sortirait : pourtant les denrées ont été enlevées et sont perdues, personne n'y ayant voulu rien retirer, ni même les retrahants. Je fus à Salins, où Son Excellence était, représenter le pauvre état de la ville et du château, de murer la ville et le château, demandant d'y faire les réparations nécessaires. Il me fut répondu qu'il n'en fallait pas parler ; que je fisse avec les retrahants, bourgeois et habitants, en cas d'attaque, ce que je pourrais, et qu'à l'extrémité, nous pourrions nous mettre en contribution en France ; l'on n'a pas voulu nous en donner le loisir, la faction de la dernière guerre était encore sur pied, pensant de s'établir gouverneur au château et d'y devenir riche. Dans toute l'attaque des murailles et du château, on entendait crier après moi. Il faudrait trop de papier pour vous dire le reste. Voilà la vérité des choses : M. Dagoust, capitaine d'infanterie, commande ici six compagnies du même corps (1). On a fait un chemin couvert et palissadé autour du château, et l'on n'a pas passé outre jusqu'à présent. L'on menace vos forêts, je me défends tout autant que je puis ; je vous demande un peu d'aide et de protection, s'il vous plaît. Je n'ai aucune de vos nouvelles depuis le 28 octobre dernier, qui était une réponse touchant l'affaire de Corsant. Je suis en toute peine du monde de votre santé. Je n'ai point de nouvelles de Bresse ; l'on n'a fait aucun tort aux granges et les villageois sont chez eux.

« Je crois que nous avons fait ce que nous avons pu, et je ne sais comment nous avons été demeurer ici, après une guerre déclarée, exposés comme nous l'étions. » (Arch. comm., EE. 66.)

(1) Le régiment de Picardie.

On abattit environ quarante toises de muraille au bas de la rue qui, depuis et à cause de cela, a pris le nom de rue de la Brèche. Dès lors Louis XIV agit en maître dans la Franche-Comté. Le 20 mars, les habitants de Laubespin durent, sous les ordres et par le soin des échevins de Saint-Amour, travailler à la démolition des défenses de leur château, tout en laissant subsister les bâtiments d'habitation.

Le 28 juillet, M. le duc de Duras, maréchal et gouverneur de la province, fit envoyer au comte de Saint-Amour l'ordre de démolir également les fortifications de son château de Saint-Amour, et comme le comte de Saint-Amour avait demandé à conserver tout ce qui ne servait point à la défense, le maréchal le lui accorda et prescrivit de ne rien faire sauter, mais de tout démolir à la pioche et à la main.

Mais le comte de Saint-Amour négligeant de faire procéder à ces travaux, le duc de Duras envoya à M. de Sainte-Catherine l'ordre de faire sauter les tours si elles n'étaient point abattues avant la Saint-Martin. Ce qu'il fit le moment venu (23 novembre, avant le jour), mais avec si peu de précautions que tout le bâtiment fut endommagé et rendu inhabitable. Plusieurs maisons voisines ressentirent le contre-coup, et l'on rapporte que l'une d'elles s'écroula, laissant pour morts, sous ses décombres, une veuve et ses enfants.

Le comte de Saint-Amour, prétendant qu'on devait au moins respecter les bâtiments d'habitation, réclama une indemnité, qui lui fut refusée, car, lui dit-on, on l'avait mis à même de procéder à cette démolition comme il lui plairait ; il n'en avait rien voulu faire, et c'est son refus qui est la cause des dommages dont il se plaint. (Arch. comm., EE. 63.)

Deux ou trois gravures exécutées peu après cet événement nous montrent les ruines du château qui, si le dessinateur n'a rien exagéré, devait être considérable.

Ce fut quatre ans après seulement que le traité de Nimègue vint mettre un terme à la guerre et fixer le sort de la Comté. La proclamation en fut faite le 17 janvier 1769 seulement, et les fêtes en son honneur célébrées le dimanche 27, par les soins du bailli de Branges, des échevins Don et Colombet, aussi bons Français dès lors que jadis ardents Comtois. Le matin, à l'issue de la grand'messe, et tout le clergé réuni, on chanta un *Te Deum* solennel. A la nuit, les échevins, de leur propre main, allumèrent un grand feu de joie et l'on obéit aux conseillers qui prescrivent, dans la délibération à ce sujet, « que dans le temps qu'on mettra le feu au feu de joie, et pendant que la solennité et incendie d'icelui se fera, il y aura à la fenêtre de chaque maison de résidence une chandelle allumée. » (Arch. comm., reg. II, p. 203-204-205.)

Puis, quelques jours après, M. Don, premier échevin, partit pour Besançon, afin d'offrir au duc de Duras le serment de fidélité des habitants de Saint-Amour à Sa Majesté Très Chrétienne le roi de France et de Navarre.

La Franche-Comté avait vécu.

APPENDICE

EXTRAIT D'UN ARTICLE DE LA *GAZETTE DE FRANCE*

Sur le siège et la prise de Saint-Amour en 1637 (N° 35)

Les armes des ennemis ne prospèrent pas mieux qu'ailleurs vers la Franche-Comté. Le duc de Longueville, lieutenant général de l'armée du roi, ayant hâté l'équipage de son artillerie, autant que la difficulté des chemins l'a pu permettre, le 29 du passé, fit investir la ville de Saint-Amour par trois endroits, et ayant fait tirer du côté des capucins quelques coups de canon qui n'avaient pas eu grand effet dans la muraille, il résolut d'attaquer la place par le faubourg, et encore que le pétard qu'il y avait fait appliquer eût fait une bien petite ouverture, néanmoins il était près de forcer la place par cet endroit quand il eut avis que les ennemis pour la secourir s'assemblaient vers Lons-le-Saunier. Ne leur voulant pas donner le temps de faire tout le chemin ni pour cela différer son dessein contre la place, il donna ordre au vicomte d'Arpajon, maréchal de camp, de l'attaquer, et au sieur de Guitry, aussi maréchal de camp, d'aller au-devant des ennemis prendre langue d'eux avec trois cents hommes des troupes de Normandie, cent autres du régiment Liégois de la Blocquerie, cinquante carabins et cent mousquetaires.

L'issue du premier de ces desseins fut qu'après environ soixante volées de canon et trois jours de siège, à savoir le 31 du passé, la ville fut prise par assaut, le duc de Longueville ne s'étant pas con-

tenté d'y donner ses ordres, mais ayant voulu entrer le quatrième par la brèche. L'attaque se fit à la garde du sieur de Suc qui y fit très bien et durant tout le siège, comme aussi les sieurs de Hauterive, mestre de camp, qui y a été blessé par deux fois; Tréville, major du régiment de Normandie, ces deux ayant donné à la tête du régiment et les autres officiers ensuite : les sieurs Piolant, le Breuil et Orgemont. Le sieur d'Espinel, lieutenant-colonel, outre les soins qu'il a pris de tous les travaux, entra des premiers dans la ville et agit si vigoureusement avec le vicomte d'Arpajon, sous les ordres du duc de Longueville, que ne voulant point consentir au pillage, ils eurent le pouvoir de retenir les soldats des insolences qui accompagnent ordinairement telle prise des places par force. Ce qui était d'autant plus malaisé qu'ils venaient de tuer la plus grande partie de la garnison ennemie qui avait voulu résister dans la ville et de recogner dans le château le reste qui s'y retrancha et pouvait se monter en tout à six cents hommes. Toutefois ils garantirent le couvent des religieuses de l'Annonciade, l'honneur de toutes les femmes et filles que ledit vicomte d'Arpajon avait fait retirer dans les églises, lesquelles furent pareillement conservées. Mais la chaleur du combat laissa près de quatre cents des ennemis morts dans les rues et les maisons de la ville prise, outre deux cents prisonniers qui pouvaient le premier jour éviter ce traitement. . . . .
. . . .

Le sieur de Guitry s'étant trouvé trop faible pour triompher de l'armée comtoise au-devant de laquelle il s'était porté, avait demandé du secours. Longueville aussitôt le rejoignit et après la victoire reprit le chemin de Saint-Amour. . . . .
. . . .

Le duc de Longueville retourna à Saint-Amour le lendemain 2 avril, sur les quatre heures après midi, ayant été plus de vingt heures à cheval, et le château qu'il tenait toujours assiégé se rendit à lui, et ensuite celui de Laubespin, à demi-lieue de Saint-Amour, en fit autant. Par ainsi l'armée que commande ce duc, en cinq jours, par sa sage conduite, a pris une ville et deux châteaux assez bons sur l'ennemi, lui a tué près de sept cents hommes tant en la ville qu'à la campagne, et donné une grande terreur des armes du roi à tous ceux de Franche-Comté contre lesquels les Bressans sont si animés qu'ils leur ont mis le feu en plus de cinquante villages pour riposter à ce qu'ils nous firent l'an passé.   *(14 avril 1637.)*

www.ingramcontent.com/pod-product-compliance
Lightning Source LLC
Chambersburg PA
CBHW060608050426
42451CB00011B/2135